AF335978

MAGASIN THÉATRAL.

PIÈCES NOUVELLES

JOUÉES SUR TOUS LES THÉATRES DE PARIS.

THÉATRE DE L'ODÉON.

LES ABSENTS ONT RAISON,

Comédie en 2 actes et en prose, par Mme ANAÏS SÉGALAS.

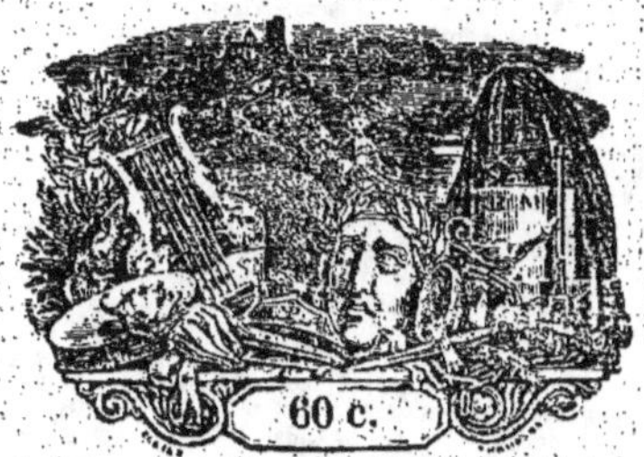

PARIS.

LIBRAIRIE THEATRALE, BOULEVARD SAINT-MARTIN, 12.

ANCIENNE MAISON MARCHANT

1852

MAGASIN THÉATRAL.

CHEFS-D'ŒUVRE DU THÉATRE FRANÇAIS, A 40 CENTIMES.

Athalie, tragédie en 5 actes.
Andromaque, tragédie en 5 act.
Avare (l'), comédie en 5 actes, de Molière.
Barbier de Séville (le), c. 4 a.
Britannicus, trag. en 5 actes.
Cinna, tragédie en 5 actes.
Cid (le), tragédie en 5 actes.
Dépit amoureux (le), c. 2 actes.
École des Femmes (l'), c. 5 actes, de Molière.
Folies amoureuses (les), c. 3 ac.
Hamlet, tragédie en 5 actes.
Horaces (les), tragédie, 5 actes.
Iphigénie en Aulide, trag. 5 act.
Mahomet, tragédie en 5 actes.
Mort de César (la), trag. 5 act.
Misanthrope (le), com. en 5 act.
Mariage de Figaro, com. 5 actes.
Mère coupable (la), c. 3 actes.
Mérope, tragédie en 5 actes.
Métromanie (la), com. en 5 act.
Malade imaginaire (le), c. 3 act.
Ouillin, tragédie en 5 actes.
Phèdre, tragédie en 5 actes.
Polyeucte, tragédie en 5 actes.
Tartufe (le), com. en 5 actes.
Zaïre, tragédie en 5 actes.

MONOLOGUES A 25 CENTIMES.

Camille Desmoulins, monol. dr.
Chatterton mourant, monologue.
Dre nuit d'André Chénier (la).
Jeanne d'Arc en prison, mono.
Lanterne de Diogène (la), mono.
Mort de Gilbert (la), mono.
Vie de Napoléon (la), récit.
Vision du Tasse (une), mono.

PIECES A 50 CENTIMES.

Alchimiste (l'), d. 5 a. A. Dumas.
Ami Grandet (l'), c.-v. 3 a.
Amours de Psyché (les), p.f. 3 a.
Amours d'une Rose, (les) v. 3 a.
Ange, drame en 5 actes.
Apprenti (l'), v. en 1 a.
Atar-Gull, drame en 5 actes.
Auberge de la Madone (l') d. 5 a.
Aumônier du régiment (l'), 1 a.
Aven. de Télémaque (les), v. 3 a.
Aveugle et son bâton (l'), v. 1 a.
Avoués en vacances, 2 a.
Badigeon 1er, vau. en 2 actes.
Belle Limonadière (la), c.-v. 3 a.
Blanche et Blanchette, d.-v. 5 a.
Bonaparte, drame milit. en 5 a.
Bergère d'Ivry (la), d.-vau. 5 a.
Berline de l'Émigré (la), d. 5 a.
Brigands de la Loire (les), d. 5 a.
Biche au Bois (la), féerie, 18 tab.
Brelan de Troupiers (le), v. 1 a.
Boquillon, dr. 3 actes.
Benoit ou les deux cousins.
Bianca Cantarini, drame 5 actes.
Cabaret de Lustucru (le), v. 1 a.
Cachemire Vert (le), 1 a. A. Dumas
Cas de Conscience (un), c. 3 a.
Cheval de Bronze (le), op. c. 3 a.
Cheval du Diable (le), dra. 5 a.
Châle Bleu (le), com. 2 actes.
Charlot, comédie en 3 actes.
Claude Stock, dra. en 4 actes.
Chauffeurs (les), drame en 5 a.
Château de Verneuil (le) d. 5 a.
Château de St-Germain (le), 5 a.
Chef-d'œuvre inconnu (le), 1 a.
Chiens du mont St-Bernard (les) drame en 5 actes.
Cromwell et Charles Ier, 5 a.
Caligula, tra. 5 a. A. Dumas.
Calomnie (la), com. 5 actes.
Chambre ardente (la), 5 actes.
Christine à Fontainebleau, dra.
Canal St-Martin (le), dra. 5 a.
Chevaux du Carrousel (les), 5 a.
Chevalier de St-Georges (le), 3 a.
Chevalier du Guet (le), c. 3 a.
Christophe le Suédois, d. 5 a.
Colombe et Perdreau, idy. 3 a.
Commis et la Grisette (le), vaud. en 1 acte.
Compagnons (les), ou la Mansarde de la Cité, drame en 5 actes
Chevalier d'Harmental (le), dra. 5 a. Alex. Dumas et Maquet.
Conscrit de l'an VIII (le), c. 2 a.
Connétable de Bourbon (le), d. 5 a.
Comte Hermann (le), dra. 5 a. Alex. Dumas.
Chercheurs d'Or (les), dra. 5 a.
Camille Desmoulins, dra. 5 a.
Chevaliers du Lansquenet (les), drame en 5 actes.

Cravatte et Jabot, com.-vau. 1 a.
Croix de Malte (la), drame 3 a.
Chute des feuilles (la), pro. 1 a.
Chasse au chastre. A. Dumas.
Comte de Mansfield, dr. 4 actes.
Chevau-légers de la reine, 3 a.
Corde de pendu.
Deux Anges, c.-v. 3 actes.
Deux Amoureux de la grand'-mère (les), 1 acte.
Discrétion (une), com. 1 a.
Deux Serruriers (les), d. 5 a.
Demoiselles de Saint-Cyr (les), drame 5 actes, A. Dumas.
Demoiselle majeure (la), v. 1 a.
Domestique pour tout faire.
Dot de Suzette (la), d. 5 a.
Doigt de Dieu (le), dra. 1 a.
Don Juan de Marana. A. Dumas.
Diane de Chivry, drame, 5 a.
Duchesse de la Vauhalière (la).
Élève de Saint-Cyr (l'), d. 5 a.
En pénitence.
Éclat de rire (l'), dra. 3 a.
École Buissonnière (l'), c.-v.
École du monde, 5 actes.
Éléphants de la Pagode (les).
Emma, comédie en 3 actes.
Empire (l'), 3 actes et 18 tabl.
Enfants d'Édouard (les), 5 a.
Enfants de Troupe (les), v. 2 a.
Enfants du Délire (les), v. 1 a.
Estelle, com. par Scribe. 1 acte.
Être aimé ou mourir, com. 1 a.
Eulalie Granger, drame 5 actes.
En Sibérie, drame en 3 actes.
Entre l'enclume et le marteau.
Étoiles (les), vaudeville 5 actes.
Expiation (une), drame 4 actes.
Faction de M. le Curé (la), v. 1 a.
Famille du Mari (la), com. 3 a.
Frères corses (les) dra. 3 actes.
Famille Moronval (la), dra. 5 a.
Famille du Fumiste (la), v. 2 a.
Fargeau le Nourrisseur, v. 2 a.
Fille à Nicolas (la), c.-v. 3 a.
Fille de l'Avare (la), c.-v. 2 a.
Fille de l'Air (la), féerie en 3 a.
Filets de Saint-Cloud (les) d. 5 a.
François Jaffier, dr. en 5 actes.
Frétillon, com.-vaud. en 3 actes.
Fiole de Cagliostro (la), v. 1 a.
Folle de Waterloo (la) d.-v. 2 a.
Forte-Spada, drame en 5 actes.
Falrio le Novice, dr. en 5 actes.
Fils de la Folle (le), dr. en 5 a. par F. Soulié.
Fils d'une grande Dame (le), 2 a.
Fille du Régent (la), A. Dumas.
Ferme de Montmirail (la).
Grande Histoire (une), c. en 5 a.
Garçon de recette (le), d. en 5 a.

Gars (le), drame en 5 actes.
Gaspard Hauser, dr. en 5 actes.
Grand'Mère (la), 3 actes, Scribe.
Geneviève de Brabant, mélod.
Gazette des Tribunaux (la), v. 1a.
Guerre de l'indépendance (la).
Guerre des Femmes.
Halifax, com. par Alex. Dumas.
Henri le Lion, drame en 6 act.
Homme du Monde (l').
Honneur dans le crime (l'), 5 a.
Honneur de ma mère (l'), 5 a.
Indiana et Charlemagne, 1 acte.
Indiana, drame en 5 actes.
Ile d'amour (l'), c.-v. 3 actes.
Il faut que jeunesse se passe.
Impressions de voyage (les).
Japhet à la recherche d'un père.
Jacques le Corsaire, dr. 5 actes.
Jacques Cœur, drame en 5 actes.
Jarvis l'honnête homme, d. 5 a.
Jeanne de Flandre, d. en 5 a.
Jeanne de Naples, idem.
Jeanne Hachette, dr. en 5 actes.
Je serai comédien, com. 1 act.
Juive de Constantine (la), 5 a.
Jarnic le Breton, drame 5 actes.
Juillet, drame 3 actes.
Lestocq, op. com. 3 a.
Lectrice (la), c.-v. en 2 actes.
Léon, drame en 5 actes.
Lucio, drame en 5 actes.
Louisette, c.-v. en 2 actes.
Louise Bernard, Alex. Dumas.
Laird de Dumbiky (le), A. Dum.
Lorenzino, par Alex. Dumas.
Lescombat (la), d. en 5 actes.
Lucrèce, com.-vaudeville.
Le Lansquenet, vaudeville 2 a.
Madame Panache, c.-v. 2 actes.
Margot, vaudeville, 1 acte.
Mineurs de Trogolft (les), d. 3 a.
Mont-Bailly, drame, 4 actes.
Marco, comédie en 2 actes.
Misère (la), dr., 5 actes.
Maurice et Madeleine, 3 actes.
Marino Faliero, tragédie, 5 actes.
Marie, comédie, 5 actes.
Mari de la veuve (le), A. Dumas.
Marguerite d'York, dr. 5 actes.
Marguerite de Quelus, idem.
Marguerite, vaudeville, 3 actes.
Mathias l'invalide, c.-v. 2 actes.
Madame et Monsieur Pinchon.
Marcel, drame en 5 actes.
Monk, drame en 5 actes.
Maîtresse de langues (la), v. 1 a.
Marquise de Senneterre (la).
Mathilde ou la Jalousie, 2 actes.
Monsieur et Madame Galochard.
Murat, drame, 5 actes et 16 tab.
Mari de la dame de chœurs (le).
Marquise de Prétintailles (la).

Madeleine, drame en 5 actes.
Manoir de Montlouviers (le), 5 a.
Main droite et main gauche (la).
Mademoiselle de la Feillé, d. 5 a.
Marché de Saint-Pierre (le), 5 a.
Marguerite Fortier, idem.
Maître d'école (le), c.-v. 2 actes.
Mémoires du diable (les), 5 a.
Mille et une nuits (les), 3 a. 16 t.
Moulin des tilleuls (le), 1 act.
Ma maîtresse et ma femme, 2 a.
Mon parrain de Pontoise, 1 ac.
Mère de la débutante (la), 3 ac.
Mme Camus et sa demoiselle.
Marcelin, drame 5 actes.
Meunière de Marly (la), 4 acte.
Monsieur Lafleur.
Naufrage de la Méduse (le), 5 a.
Napoléon Bonaparte, A. Dum.
Nonne sanglante (la), dr. 5 actes.
Nouveau Juif-Errant (le), 3 actes.
Officier bleu (l'), dr. 5 actes.
Orphelins d'Anvers (les), idem.
Orangerie de Versailles (l'), 3 a.
Ouvrier (l'), 5 actes, F. Soulié.
Parisienne (une), c.-v. 2 actes.
Philippe III, tragédie 3 actes.
Paris au bal, vaudeville 3 actes.
Paris dans la comète, 3 actes.
Peste noire (la), drame 5 actes.
Paysan des Alpes (le), dr. 5 actes.
Paul Jones, 5 actes, Alex. Dum.
Pauvre mère, dr. 5 actes.
Père Turlututu (le).
1res armes de Richelieu (les), 3 a.
Proscrit (le), 5 a. Fréd. Soulié.
Pauvre fille, idem.
Pascal et Chambord, 2 actes.
Paméla Giraud, 5 actes, Balzac.
Paul et Virginie, 5 actes.
Paris la nuit, idem.
Paris le bohémien, idem.
Plaine de Grenelle (la), 5 actes.
Pensionnaire mariée (la), v. 2 a.
Perruquier de l'empereur (le).
Pierre Lerouge, c.-v. 2 actes.
Pilules du diable (les), f. 18 tab.
Petites misères de la vie humaine.
Petit Tondu (le), 3 a. et 10 a.
Pruneau de Tours, vand. 1 acte.
Pauline, drame en 5 actes.
Pied de mouton (le), féerie.
Prince Eugène et l'Impératrice Joséphine (le), dr. 10 tab.
Prussiens en Lorraine (les), 5 a.
Pauline, châtiment d'une mère.
Paris à cheval, c.-v. 3 actes.
Père Trinquefort, vaud. 2 actes.
86 moins 1.
Quatre coins de Paris (les), 5 a.
Qui se ressemble se gêne, v. 1.
Quand l'amour s'en va, v. 1.
Renaudin de Caen, com. 2 actes.

LES ABSENTS ONT RAISON

COMÉDIE EN DEUX ACTES ET EN PROSE,

PAR

Mme ANAÏS SÉGALAS,

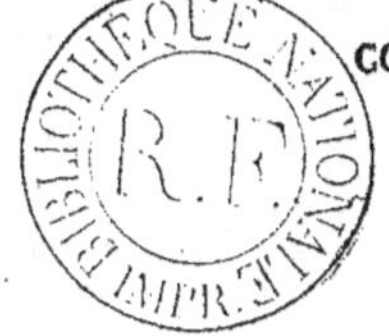

REPRÉSENTÉE POUR LA PREMIÈRE FOIS, A PARIS, SUR LE SECOND THÉATRE-FRANÇAIS,
LE 7 MAI 1852.

PERSONNAGES.	ACTEURS.
MAX DE LIRVINS..	M. PIERRON.
IRMA, sa femme..	Mlle LAURENTINE LÉON.
TIMOLÉON MORANTY, jeune médecin.........................	M. TÉTARD.
GIFFARD, notaire..	M. TALBOT.
GEORDY, groom de Timoléon................................	M. LACROIX.
DEUX GUIDES.	

Le premier acte se passe en Suisse. Le deuxième acte se passe à Enghien, un an après.

ACTE PREMIER.

Au fond, une montagne où serpente un chemin étroit. Un petit pont suspendu sur un précipice. Au premier plan à la droite de l'acteur, un mauvais petit chalet ; à droite et à gauche, des rochers pouvant servir de bancs.

SCENE PREMIERE.

MAX, IRMA, DEUX GUIDES. *Au lever du rideau, Max et Irma, en costumes de voyage, descendent la montagne en s'appuyant sur de longs bâtons ferrés. — Les deux Guides les précèdent.*

MAX, *arrivant sur le devant de la scène.* Avancez donc, Irma, avancez donc! je ne connais rien de plus poltron qu'une Parisienne en voyage.

IRMA. Et moi je ne sais rien d'aussi maussade ni d'aussi querelleur qu'un mari comme vous. (*S'avançant.*) Ah! voici un chalet où nous trouverons un abri ; voici un rocher qui pourra nous servir de banc pour nous reposer. (*Elle va s'asseoir sur un rocher.*)

MAX, *aux Guides.* Allez nous attendre ; nous nous arrêtons un instant ici. (*Les Guides sortent, Max va s'asseoir près d'Irma.*)

IRMA, *assise à gauche.* Voulez-vous que je vous parle franchement, mon cher

NOTA. Les personnages sont inscrits en tête de chaque scène dans l'ordre où ils doivent être placés sur le théâtre. Le premier inscrit occupe la droite de l'acteur. Les changements sont indiqués par des renvois.

Max? vous êtes l'homme le plus insupportable qu'il y ait au monde.

MAX. Et vous, ma douce Irma, vous êtes la femme la plus irritable, la plus nerveuse et la plus détestable qui se puisse voir.

IRMA. Vous n'avez pas toujours parlé ainsi : car enfin, nous avons fait un mariage d'inclination. Je voulais trouver mon idéal, je l'ai cherché longtemps... enfin, je vous ai vu et j'ai fait la sottise de vous aimer et de vous épouser, il y a à peine un an. Nous nous adorions alors.

MAX. Ah! c'est que dans l'espace d'un an il se fait bien des changements dans les ministères et dans les cœurs... Que ces montagnes de la Suisse me sembleraient belles si j'y étais seul !

IRMA, *se levant.* Et qu'elles sont insipides quand on les traverse avec vous... Puis il fait un froid excessif, et ce ne sont pas vos paroles d'amour qui réchauffent l'atmosphère... Allez donc rejoindre mon guide et rapportez-moi mon manteau.

MAX, *allant s'asseoir à droite.* Je suis trop fatigué pour courir après votre guide.

IRMA. Que c'est gracieux! que c'est marital! Vous voyez pourtant que le froid me rend malade. (*Toussant avec affectation.*) Je tousse horriblement; je vais avoir une fluxion de poitrine ou un rhume de cerveau.

MAX. Si vous pouviez avoir une extinction de voix!

IRMA. Tenez, monsieur, vous me prenez sur les nerfs, je sens déjà des crispations.

MAX. Attendez encore un peu, ce n'est pas le moment; des maux de nerfs, c'est très-gênant sur les montagnes.

IRMA, *en fureur et se rapprochant.* Monsieur!...

MAX. Madame...

IRMA. Avec vous la vie est un enfer, cette montagne est un Calvaire, et nous serons malheureux tant que nous vivrons ensemble. (*Elle s'éloigne.*)

MAX, *se levant et se rapprochant d'elle.* Cette fois, ma tendre amie, nous sommes parfaitement d'accord. Puisqu'il y a dans nos opinions une si adorable sympathie, cherchons ensemble comment nous pourrions obtenir une petite séparation légale.

IRMA. Une séparation! ah! si c'était possible !

MAX. L'humanité des législateurs a ménagé quelques moyens. Il y a d'abord le chapitre des infidélités, mais vos principes sont aussi excellents que votre caractère est mauvais, et cela fait l'éloge de vos principes.

IRMA. Vous avez une manière de faire des compliments...

MAX. Quant à moi, je pourrais bien, pour vous être agréable, vous donner une rivale, et l'attirer dans le domicile conjugal; mais comme j'ai toute ma vie aimé la tranquillité, je n'ai jamais eu beaucoup d'amour pour les femmes.

IRMA. Excepté il y a deux ans quand vous me faisiez la cour.

MAX. Il y a bien un autre moyen praticable et moral : il suffit que l'un des deux époux donne à l'autre un soufflet devant témoin. Moi, chère amie, j'ai trop de courtoisie pour le donner, mais je serais assez évangélique pour le recevoir.

IRMA. Comment! vous voulez...

MAX. Que vous me fassiez la grâce de me donner un soufflet, un petit soufflet.

IRMA, *vivement.* Oh! j'en ai eu cent fois la tentation.

MAX. Que vous êtes aimable! j'étais bien sûr de ne pas faire un vain appel à votre cœur et à votre main.

IRMA. Cependant, cela répugne à mes habitudes de patience et de douceur.

MAX. En vérité, ma douce colombe!... Ce n'est qu'un petit soufflet de séparation.

IRMA. C'est une circonstance atténuante.

MAX. Allons, c'est convenu, je vais appeler les guides, ils seront témoins.

IRMA. Comme vous êtes pressé !

MAX. Vous allez me dire que ce sont des Allemands, mais ils comprendront; les soufflets français ont le même son que les soufflets allemands, c'est une langue de tous les pays; on l'aurait comprise à la tour de Babel... (*Remontant la scène.*) Wilfrid ! Bolmann! (*Il sort par la droite.*)

IRMA, *sur le devant de la scène.* Il me demande la faveur d'un soufflet... Eh quoi! cet innocent plaisir que j'ai si souvent souhaité, que je me suis toujours refusé, il ne tient qu'à moi de me le procurer, et je serai libre, heureuse.... Mon sort est dans ma main... Mais qu'allais-je faire?... quand une femme est séparée de son mari, c'est elle qu'on accuse, elle est rejetée du monde, et je tiens à y briller.

MAX, *dans la coulisse.* Bolmann, Wilfrid.

IRMA. Mais je ne peux pas me séparer de lui. Je craindrais la médisance, la calomnie... Ne fût-ce que pour me conduire au bal, il me faut un cavalier légitime. Ce n'est pas mon mari que je veux garder, c'est son bras.

MAX, *rentrant en scène.* Ils ne viennent pas. Tenez, je vais frapper à la porte de ce chalet, je vous chercherai querelle devant la

première personne qui se présentera (*il
frappe*); je vous irriterai, je vous impatien-
terai, fiez-vous à moi, et tout naturellement
vous m'accorderez un petit soufflet. (*Il fi ap-
pe encore.*)

IRMA. Mais, monsieur...

MAX. On vient.

IRMA, *à part*. Soyons d'une douceur
d'ange.

SCÈNE II.

TIMOLÉON, IRMA, MAX. (*Max et Timoléon prennent leurs lorgnons et se regardent
en silence.*)

MAX, *à part*. Ce jeune homme ne me fait
pas l'effet d'être un habitant des chalets ni
de chanter le ranz des vaches.

TIMOLÉON, *à part*. Ce monsieur ne doit
pas être un descendant de Guillaume Tell.
(*Haut.*) Monsieur est sans doute touriste
comme moi et vient découvrir la Suisse ?

MAX. Oui, monsieur.

TIMOLÉON. Couvrez-vous donc. Vous cherchez probablement un abri dans ce mauvais
petit chalet; je ne vous y engage pas; il y
fait aussi froid qu'ici. Moi, je vais continuer
mon voyage ; le glacier de Grindelvald m'at-
tend, la cascade de Staubach me réclame, et
je vais remettre ma carte de visite aux ours
de Berne. (*Il le salue et remonte la scène.*)

MAX. Un instant, monsieur le touriste.
(*Timoléon, en remontant de quelques pas, se
trouve en face d'Irma.*)

TIMOLÉON. Oh !

IRMA, *descendant la scène*. Ah !

TIMOLÉON. La belle madame de Lirvins !

MAX, *à Irma*. Vous connaissez ce monsieur ?

IRMA. Certainement, c'est M. Timoléon
Moranty.

MAX. Ah ! du moment que c'est M. Timoléon !... (*Timoléon et lui se saluent profon-
dément. A part, à Irma.*) Je ne connais pas
M. Timoléon.

IRMA. C'est un de mes danseurs de cet
hiver. (*A Timoléon.*) Je vous présente M. de
Lirvins, mon mari.

TIMOLÉON, *à part*. Je suis ému, je suis
très-ému. C'est le tyran, le Gessler.

IRMA, *à part*. Il est toujours aussi ridi-
cule.

TIMOLÉON, *à part*. Elle me regarde, elle
me remarque.

MAX, *à Irma*. Monsieur est avocat, jour-
naliste, quart d'agent de change ?

IRMA. Monsieur est valseur.

TIMOLÉON. J'ai un autre état moins léger ;
je suis médecin !

IRMA. Nous avons dansé ensemble bien
des valses à deux temps.

TIMOLÉON, *à part*. Et formé bien des
chaînes anglaises qui m'ont enchaîné.

MAX, *à part*. Comment arriver au soufflet ?

TIMOLÉON, *à Irma*. Permettez, madame,
que je débarrasse votre petite main de ce
long bâton ferré.

IRMA, *à Max*. A la bonne heure au moins,
monsieur est plus galant que vous.

MAX, *jetant un cri*. Ah !

IRMA. Hein ?

TIMOLÉON. Quoi ?

MAX. Rien. (*A part.*) Je tiens ma dispute.
(*Haut.*) Eh, mon Dieu ! madame, je ne suis
pas un cavalier servant. A chaque instant,
vous voulez me faire tenir votre ombrelle
dans la plaine, votre manteau sur la montagne. Prenez-vous un mari pour un vestiaire
et un portemanteau ?

TIMOLÉON, *à part*. Aimable mari.

IRMA. Vous êtes si peu obligeant.

MAX. Est-ce une querelle que vous me
cherchez... Je vous répète que je ne prétends
pas...

IRMA, *impatientée*. Mais, monsieur...

MAX, *tendant la joue*. Madame ?

IRMA, *faisant le geste de donner le soufflet, puis se radoucissant tout à coup*. Mon
cher petit mari.

MAX. Hein ?... à qui parle-t-elle ?

TIMOLÉON, *à part*. Quelle douceur pour
son tyran !

IRMA. Ne faites pas croire à monsieur que
vous avez un mauvais caractère, vous qui
êtes si complaisant, si dévoué pour votre
petite femme chérie, qui, pour me distraire
l'été, me faites faire de délicieux voyages en
tête-à-tête avec vous, qui tout l'hiver me
menez au bal et me laissez danser avec les
papillons de la valse et de la polka-mazourke,
M. Timoléon, (*il salue.*) M. Norbert, M. de
Beauval, M...

MAX. Vous moquez-vous de moi, madame...
C'est cela, passez en revue toute l'armée des
danseurs de salon, depuis les voltigeurs de la
polka, jusqu'à la vieille garde de la valse à
trois temps... Tout cela ne me convient pas.
(*Bas à Irma.*) Répondez-moi donc, je tends
la joue.

TIMOLÉON, *à part*. Joli ménage.

MAX, *bas à Irma*. Allez donc !

IRMA, *à part*. Oh ! que je suis tentée !

MAX. Allez donc !

IRMA, *faisant le geste de donner le soufflet*.

A la fin, monsieur, vous êtes d'une humeur (*Max tend la joue, elle se radoucit.*) ravissante. Tu fais les plaisanteries les plus amusantes du monde. Est-ce l'air de la montagne qui te donne cet aimable enjouement ?

MAX, *stupéfait.* Mais pourquoi cette douceur infernale et inusitée ?

TIMOLÉON, *à part.* Quelle patience angélique !

IRMA. Je vais m'abriter dans ce chalet. Au revoir, monsieur Timoléon. (*A Max.*) A bientôt, mon ami, mon cher ami. (*Elle passe à droite et va entrer dans le chalet.*)

MAX, *allant à elle.* Mais, madame, votre douceur n'est que de l'hypocrisie. Vous avez un caractère détestable, irritable, abominable, exécrable et infernal.

IRMA. Et vous, monsieur... (*Elle avance la main, il tend la joue.*) Tu es charmant, charmant. (*Elle entre dans le chalet.*)

SCÈNE III.

TIMOLÉON, MAX.

MAX, *soupirant avec rage.* Ah !... les femmes sont des démons. (*En disant cela il traverse la scène et passe à gauche.*)

TIMOLÉON, *à part, soupirant tendrement.* Ah !... les femmes sont des anges. (*Il traverse la scène et passe à droite.*)

MAX, *à lui-même.* J'irais en enfer pour la fuir.

TIMOLÉON, *à part.* J'irais en enfer pour la chercher.

MAX, *à part.* Si je pouvais trouver sur mon chemin un avocat, un homme d'affaires, et le consulter sur cette séparation. (*Haut.*) Vous êtes avoué, monsieur ?

TIMOLÉON. Non, monsieur, je suis médecin.

MAX. C'est à peu près la même chose...

TIMOLÉON. Comment l'entendez-vous ?

MAX. Avoué, médecin... vous demandez la bourse ou la vie.

TIMOLÉON. C'est méchant ce que vous dites là.

MAX. C'est vrai.

TIMOLÉON. C'est égal, c'est méchant. Vous voyez devant vous le plus infortuné de tous les médecins.

MAX, *l'interrompant.* Vous voyez devant vous le plus malheureux de tous les maris.

TIMOLÉON. Mon avenir cependant pourrait être brillant.

MAX, *l'interrompant.* Mon avenir est à jamais perdu.

TIMOLÉON. Dès que je fus reçu docteur...

MAX. Dès que je fus marié...

TIMOLÉON. Un de mes oncles...

MAX. Ma femme...

TIMOLÉON, *élevant la voix pour couvrir celle de Max.* Un de mes oncles, un vieux praticien, médecin à cinquante lieues de Paris, me dit avec effusion : « O mon Hippocrate ! je suis prêt à te céder mes clients et à me saigner pour toi. J'ai un assez joli revenu de pleurésies, de fièvres typhoïdes et de fièvres malignes; comme ce ne sont pas des objets de luxe, cela ne subit pas de baisse quand le gouvernement change, et cela me rapporte chaque année environ une dizaine de mille francs. Je suis vieux, je veux me retirer : mon revenu, mes clients, l'air de ma petite ville, admirablement malsain et rempli de miasmes productifs (c'est un pays marécageux), tout cela est à toi, mon cher neveu, mais à une seule condition : pour que tu inspires de la confiance à mes clients et que je sois sûr de ta science, je ne te céderai ma clientèle qu'à ta première cure. »

MAX. Et sans doute vous avez fait des miracles ?

TIMOLÉON. Je ne suis reçu que depuis un an et je n'ai eu que trois malades.

MAX. Et comment se portent-ils ?

TIMOLÉON. Vous êtes bien bon... ils sont morts tous les trois.

MAX. Diable ! c'est désagréable.

TIMOLÉON. Mais il me reste un dernier espoir... Dans un voyage en Angleterre, j'ai découvert un jeune groom attaqué du spleen. — Jeune Anglais, lui ai-je dit, veux-tu me servir de groom à deux fins, être mon domestique et mon client? —Oh ! yes, m'a-t-il répondu. — Je l'ai ramené avec moi, et j'entreprends de le guérir du spleen; ce serait une belle cure.

MAX. Assurément.

TIMOLÉON. Le malheureux ne parlait que de tombe, de mort, de suicide... Eh bien ! depuis qu'il est entre mes mains, il devient d'une humeur assez joyeuse... Tenez, vous allez en juger, car le voilà qui vient me rejoindre.

SCÈNE IV.

GEORDY, TIMOLÉON, MAX (*Geordy entre par la droite, les bras croisés, la tête basse, et marche d'un air sinistre.*)

GEORDY, *à lui-même.* Oh ! comme le existence il être une triste chose ! triste ! triste ! triste !

MAX. C'est comme cela que vous le guérissez du spleen ?

TIMOLÉON. C'est un instant d'humeur noire

qui lui reprend, cela va passer. (*A part, à Geordy.*) Veux-tu bien rire. (*Geordy rit forcément, puis redevient tout à coup d'un sérieux de glace.*)

TIMOLÉON. Vous voyez qu'il est d'un agréable caractère.

MAX. Comment donc! mais il a un rire homérique.

TIMOLÉON. N'est ce pas? Par exemple, c'est un malade qui me coûte cher ; mais je sème pour recueillir la clientèle de mon oncle. Je cherche tous les moyens d'égayer mon client, et quand nous sommes à Paris, chaque soir je lui paye sa place au Vaudeville ou au Palais-Royal. Cela produit de l'effet sur lui. (*A part, à Geordy.*) Veux-tu bien rire. (*Geordy se met à rire puis redevient sérieux.*) N'est-ce pas que tu allais souvent au Vaudeville?

GEORDY. Oh! no! je avais dépensé les schellings à vos pour aller voir à le Ambigu des drames beautiful avec d'agréables empoisonnements, de gintils poignards et de jôlis pistolets que je vodrais bien avoir pour faire sauter le cervelle à moa.

TIMOLÉON, *furieux.* Oh! c'en est trop!... va-t'en, maudit groom d'outre-mer aux idées d'outre-tombe... sauve-toi.

GEORDY. Yes, yes, je vais courir me jeter dans le petit torrent ; ça divertira moa. (*Il prend son élan.*)

TIMOLÉON. Geordy... je te le défends.

GEORDY, *s'arrétant.* C'est dommage... ça m'aurait donné bien de la satisfactionne. (*Il revient d'un air sinistre jusqu'à la porte du chalet.*)

TIMOLÉON. Veux-tu bien rire... mais ris donc.

GEORDY. Yes, sir. (*Il rit forcément, redevient sérieux, puis rentre dans le chalet.*)

SCÈNE V.

TIMOLÉON, MAX.

TIMOLÉON. O malheureux docteur !

MAX. En voilà un du moins qui doit vous rassurer, il ne mourra pas entre vos mains.

TIMOLÉON. Vous croyez?

MAX. Il saura bien mourir sans médecin. Je suis sûr que les trois clients décédés par vos soins...

TIMOLÉON. Plaît-il ?

MAX, *se reprenant.* Malgré vos soins, étaient moins malades que lui.

TIMOLÉON. Si je ne les ai pas sauvés, monsieur, c'est qu'ils étaient incurables. Le premier, qui se nommait M. Morin...

MAX, *l'interrompant.* Monsieur Morin, un vieux rentier qui n'avait pour héritier qu'un parent éloigné, auquel il a laissé vingt mille livres de rente.

TIMOLÉON. C'est cela même.

MAX. Et c'est vous qui... Ah! mon cher docteur ! (*Il l'embrasse.*)

TIMOLÉON, *étonné.* Pourquoi cette effusion?

MAX. Vous avez fait ma fortune. Je suis l'héritier de monsieur Morin.

TIMOLÉON. Se pourrait-il? Il y a aussi un certain air de famille... Vous avez comme lui un teint pâle et maladif.

MAX, *à part.* Pauvre garçon... Ah! quelle idée ! Il m'a fait avoir vingt mille livres de rentes, soyons malade par reconnaissance. Il aura fait une cure, et il aura la clientèle de son oncle. (*Haut.*) Vous me trouvez le teint...

TIMOLÉON. Très-maladif.

MAX. Vous êtes clairvoyant, docteur. Je suis malade.

TIMOLÉON. Je le voyais bien.

MAX. Très-malade.

TIMOLÉON, *se frottant les mains.* Oh! quel bonheur !

MAX. Comment, quel bonheur !

TIMOLÉON. De vous guérir.

MAX. J'ai une fièvre...

TIMOLÉON, *joyeux.* Tant mieux... Il a la fièvre... Permettez que je vous tâte le pouls.

MAX. Volontiers. (*Il lui tend la main et dit à part :*) Je dois avoir la fièvre. Une femme querelleuse, cela vous agite autant qu'une fièvre maligne. (*A Timoléon qui a tiré sa montre.*) Quelle heure avez-vous ?

TIMOLÉON. Deux heures moins dix ; je retarde.

MAX, *tirant sa montre.* Deux heures cinq ; j'avance.

TIMOLÉON. Vous avez le pouls très-agité. Fiez-vous à mes soins, mon client ; je ne vous quitte plus.

MAX, *à part.* Ce sera bien agréable.

TIMOLÉON. Je ne vous quitte plus.

SCÈNE VI.

IRMA, TIMOLÉON, MAX.

IRMA, *sortant du chalet.* Oh! qu'il fait froid sur ces montagnes! J'aime mieux l'Opéra, où y a des effets de neige avec des calorifères.

TIMOLÉON, *allant chercher le manteau qui est au fond.*) Grand Dieu! j'avais ou-

b'ié ce froid pernicieux. Je ne me le pardon-
nerai pas.

IRMA, à *Max*. Il est plus attentionné que
vous ; il va me chercher mon manteau, j'en
suis certaine. (*Timoléon revient avec le manteau ; Irma s'apprête à le recevoir, mais Timoléon le met sur le dos de Max.*)

TIMOLÉON. De grâce, mon client, laissez-
moi vous envelopper dans votre manteau.

IRMA. Est-il possible ! Il ne s'inquiète
même pas de moi.

MAX, *passant à droite en cherchant à se
débarrasser de son manteau.* Mais, permettez, c'est ma femme qui se plaint du froid.

TIMOLÉON, *sans l'écouter et l'enveloppant
dans son manteau.* Soignez bien cette chère
santé. Je vous ferais bien entrer dans le chalet, mais il n'y a pas la moindre étincelle.

IRMA, *à part.* Qu'est-ce qui lui prend ? lui
qui était aux petits soins pour moi, il y a un
instant.

MAX. Mille remercîments de toutes vos
attentions. Ce qui me serait le plus agréable
dans ce moment, ce serait un dîner passable,
et je vais... (*Il se lève et fait quelques pas
vers le chalet.*)

TIMOLÉON, *le retenant.* Non pas ; je ne
vous permets point de dîner.

MAX. Comment ?

IRMA, *souriant.* Moi, je me contenterai de
fruits et de laitage ; ce sera plus pastoral.

TIMOLÉON, *vivement.* Ah ! oui, une tasse
de lait. Le lait fait du bien à la poitrine. Je
cours en demander dans le chalet.

IRMA. Il redevient civil et galant.

TIMOLÉON, *à Max.* Je vais vous rapporter
du lait bien sucré. (*Il entre dans le chalet.*)

SCÈNE VII.

MAX, IRMA.

IRMA. C'est encore pour mon mari ?

MAX. Puisque nous voilà seuls, expli-
quons-nous franchement. Pourquoi vous
obstiner à me refuser ce bienheureux soufflet ?

IRMA. Comment donc ! Mais si je m'en
croyais, je vous en accorderais un, deux,
trois... On ne compte pas avec ses amis.

MAX. Oh ! merci, je vous retrouve, enfin.
Je vais appeler monsieur Timoléon et tendre
les deux joues.

IRMA, *le retenant.* C'est inutile. J'ai ré-
fléchi. Je ne puis accepter le moyen de sau-
vetage que vous m'offrez.

MAX. Oh ! je ne pensais pas que vous pous-
seriez si loin l'esprit de contradiction !

IRMA. Quand deux époux sont séparés,
l'opinion publique condamne toujours la
femme. Les mariages comme les nôtres sont
des condamnations à perpétuité. Le monde
tire impitoyablement sur le prisonnier qui
s'échappe. Votre tendre épouse ne peut pas
vous souffrir, mon cher petit mari ; mais elle
ne vous quittera jamais.

MAX. Je ne puis me passer de votre con-
sentement. Puisque vous restez en Suisse,
je pars ; je retourne seul à Paris.

IRMA. Vous le pouvez parfaitement. *

MAX. Notre appartement est près de la Madeleine ; j'irai me loger près du Luxembourg.

IRMA. Je ne m'y oppose pas le moins du
monde.

MAX. A la bonne heure, ma chère Irma,
vous devenez raisonnable.

IRMA. Mais je déménagerai et je vous sui-
vrai.

MAX. Grand Dieu !

IRMA. C'est mon droit et mon devoir de
fidèle épouse.

MAX. Elle parle comme le Code civil !

IRMA, *lui prenant la main avec affectation.* La mort seule peut séparer deux cons-
tants époux comme nous.

MAX, *comme frappé d'une idée subite.* La
mort !...

IRMA. Oui.

MAX. Vous avez dit que la mort seule pouvait nous séparer... Savez-vous que vous me
donneriez le désir de me jeter dans le torrent
qui coule au fond de ce précipice.

IRMA, *souriant.* Il est bien rapide, mon
ami. Je vous assure que pour se baigner, les
bains Vigier valent infiniment mieux.

MAX. Je ne plaisante pas, moi, Madame.
(*L'amenant près du torrent.*) Regardez ce
petit pont fragile, il est suspendu sur un
abîme ; des rochers aigus et menaçants for-
ment les murailles souterraines du précipice...

IRMA, *l'interrompant.* Prenez garde, oh !
prenez garde ! vous allez tomber dans le
précipice des descriptions.

MAX. Si je montais sur ce pont ?

IRMA. Montez sur ce pont.

MAX. Si je me jetais dans ce torrent ?

IRMA. Jetez-vous dans ce torrent.

MAX. Croyez-vous qu'une puissance hu-

...aine pourrait me sauver? Pensez-vous qu'alors nous serions séparés?

IRMA. Ah!... vous avez dit cela comme Frédérick-Lemaître! n'espérez pas m'effrayer ni me faire changer de résolution ; je resterai toujours près de vous, ce qui me sera méritoire dans le ciel et me vaudra une belle place au paradis. (*Elle va pour rentrer dans le chalet.*)

MAX, *la suivant.* Toujours près de moi.

IRMA. Toujours. (*Elle rentre dans le chalet.*)

SCÈNE VIII.

MAX, *seul.*

Je la forcerai bien à me croire : car c'est une heureuse inspiration que j'ai eue là. Je la dois cependant au groom folâtre de M. Timoléon. Merci, jeune groom! puisque c'est toi qui me fournis le seul moyen de nous séparer. J'écris à ma tendre épouse que le désespoir me conduit au suicide. Je monte sur ce petit pont fragile en m'écriant : Adieu belles montagnes, je ne vous reverrai plus! je me penche sur l'abîme et... je me sauve à Paris. Je ne veux pas encore partir pour l'autre monde!... Elle pourrait me suivre au paradis, se faire sainte et me faire martyr. Songeons aux préparatifs de mon suicide. D'abord la lettre à ma femme. (*Il détache une feuille de son agenda.*) Que pourrai-je bien lui dire?... Il faudrait quelque chose de dramatique... (*Il écrit.*) « Vous l'avez dit, madame, la mort seule peut briser notre chaîne de fer ; aussi vais-je chercher au fond de ce torrent. (*S'interrompant.*) Qu'est-ce que je vais chercher au fond de ce torrent? (*Écrivant.*) L'indépendance et la liberté. » Comment lui faire parvenir ce billet ?... Mais tout simplement dans le coin de son mouchoir qu'elle a oublié sur ce banc. Maintenant disposons mon manteau avec art pour faire croire que dans ma chute il s'est accroché et est resté suspendu à un rocher du précipice. (*Il monte sur le pont en chantant.*) Liberté chérie, seul bien de la vie. N'allons pas tomber. (*Chantant.*) Liberté chérie. (*Suspendant son manteau.*) Ce manteau sera un indice certain du sinistre événement. (*Chantant.*) Le bonheur est là. Maintenant je suis bien mort... (*Tra la la la tra la la tra la la lu. (Il redescend en scène.*) Quel affreux suicide! (*Chantant.*) Au diable ma charmante Irma.*) On mettra peut-être une épitaphe au bord de l'abîme... tra la la... Ci-gît le plus patient et le meilleur des maris... tra la la tra la lu. Adieu, mon adorable Irma. (*Il sort en courant par la gauche. Timoléon sort du chalet, une tasse de lait à la main.*)

SCÈNE IX.

TIMOLÉON, *seul.*

Tenez, mon cher client, voila qui vous fera un bien infini. Votre existence m'est précieuse, prenez cela... Eh bien, il n'est plus là! Il se promène sans ma permission : il s'expose si longtemps à l'air, au froid... C'est très-mal sain pour mes dix mille livres de rente... (*Il remonte la scène.*) Monsieur de Lirvins, monsieur de Lirvins... Mais mon Dieu! qu'est-ce que je vois? un manteau suspendu à ce rocher... Si s'était le sien... Je tremble qu'un accident... S'il était tombé dans le précipice avec la clientèle de mon oncle! Au secours! au secours! allons vite moi-même... Mais je n'ai plus de forces, je me meurs d'une clientèle rentrée. (*Il s'assied à gauche et boit le lait.*) Au secours! au secours!

SCÈNE X.

GEORDY, IRMA, TIMOLÉON.

IRMA, *accourant.* Que se passe-t-il? pourquoi ces cris?

TIMOLÉON, *à Geordy.* Cours vite de ce côté ; il faut sauver mon client s'il en est temps encore!

IRMA. Votre client. Qui est-ce donc?

TIMOLÉON. Monsieur de Lirvins.

IRMA. Mon mari!

TIMOLÉON. Ah! c'est vrai, c'est votre mari. Je n'y songeais plus. Je tremble qu'il ne soit tombé dans le torrent.

IRMA. Grand Dieu!

GEORDY. Une jolie idée qu'il a eue là.

IRMA, *à Geordy.* Oh! sauvez-le sans retard.

GEORDY. Yes, yes, mistress. (*Il monte sur le pont.*)

IRMA. Dieu veuille qu'on arrive assez tôt. (*Elle prend son mouchoir qui est resté sur le rocher et s'essuie les yeux.*) Que vois-je!... une lettre... c'est son écriture. (*Elle lit des yeux.*) O ciel! ce n'est que trop vrai, il m'apprend qu'il va se jeter dans ce torrent.

TIMOLÉON. Que dites-vous?

GEORDY, *revenant avec le manteau qu'il a placé sur le bâton de Max* *. Mistress, je n'avais trouvé que cette grande enveloppe.

IRMA. Son manteau!

TIMOLÉON. Celui que je lui ai mis sur les épaules avec tant de sollicitude.

IRMA, *traversant la scène et tombant assise à droite.* Hélas! j'ai perdu mon mari.

TIMOLÉON, *traversant la scène et s'asseyant à gauche.* Hélas! j'ai perdu mon client!

* Timoléon, Geordy. Irma.

ACTE DEUXIÈME.

Le jardin d'une maison de campagne.— Au fond une grille à la droite de l'acteur, une table et des chaises de jardin. A gauche, un banc et un pavillon avec une fenêtre en face du public.

SCÈNE PREMIÈRE.

IRMA, *puis* TIMOLÉON.

IRMA, *seule, assise à gauche sur le banc.* O mon ami ! (*Timoléon paraît au fond.*) Mon pauvre ami ! (*Elle envoie un baiser.*)

TIMOLÉON, *qui s'est avancé.* Pardon, charmante veuve, mais je voudrais savoir à qui vous envoyez ce baiser-là *.

IRMA. A lui, monsieur, toujours à lui, à celui qui a toutes mes pensées.

TIMOLÉON. C'est flatteur pour un prétendu ! Quoi ! je surprends le secret de cet amour le jour même où nous allons signer notre contrat de mariage ! car enfin c'était aujourd'hui même, dans cette maison de campagne que vous venez d'acheter à Enghien, et qui serait devenue mon paradis. Mais comment se fait-il que mon rival ait disparu sans que j'aie pu l'entrevoir ?

IRMA. Il est toujours là, monsieur.

TIMOLÉON. Comment !... je ne vois personne, et à moins que ce ne soit un esprit...

IRMA. Allons donc ! il n'y a pas ici le moindre esprit... il n'y a que vous.

TIMOLÉON. Mais enfin, madame, où est ce rival qui me désespère ?

IRMA, *montrant un petit portrait qu'elle tient à la main.* Dans ce médaillon.

TIMOLÉON. Dans ce médaillon ! Je n'y vois que le portrait de mon client, de votre mari, que vous avez oublié au fond d'un torrent de la Suisse, il y a plus d'un an. Sa mort a été constatée par les autorités du pays, et vous êtes revenue à Paris, libre et veuve.

IRMA. Eh bien, c'était à lui que je parlais, que je parle tous les jours. Je l'aime tant ce pauvre ami.

TIMOLÉON. Quoi ! mon rival c'est un portrait, et le portrait d'un mari encore !... Je suis humilié.

IRMA, *se levant.* Tenez, monsieur Timoléon, je voudrais être seule ; je suis souffrante.

TIMOLÉON. Raison de plus pour que le médecin reste près de vous.

IRMA. J'ai la plus terrible migraine !

TIMOLÉON. Je reste pour la guérir. Mais revenons à ce cher défunt. Il me semblait qu'il était peu gracieux de son vivant. Votre

* Timoléon, Irma.

lune de miel me faisait l'effet de ressembler à la lune de Mars, qui amène tant de mauvais jours et de giboulées.

IRMA *. Cela est vrai ; il me querellait souvent ce cher ami. (*Lui montrant le portrait.*) Voyez pourtant comme son portrait a une expression de douceur, comme il me sourit !... Mon Dieu, que c'est bon et aimable un mari encadré !

TIMOLÉON. Du reste, madame, l'ombre de votre époux ne m'inspire pas l'ombre de jalousie.

IRMA. Vous avez tort ; il était peut-être moins dangereux de son vivant. Je ne savais pas l'apprécier. Depuis qu'il n'est plus là, je ne vois que ses qualités ; quant à ses défauts, ils se sont fondus dans l'éloignement et ont même pris un aspect assez gracieux ; il est devenu charmant avec un effet de perspective. C'est étonnant comme le lointain va bien aux maris !

TIMOLÉON. Eh bien, madame, regardez-le avec cette longue vue du souvenir qui donne aux absents un si aimable aspect, mais daignez quelquefois abaisser vos regards sur ce pauvre vivant qui est devant vous ; ne suis-je pas soumis et patient comme si j'étais dans un cadre ?

IRMA. Je le crois bien, un prétendu c'est toujours doux et sucré comme un bonbon de Berthellemot.

TIMOLÉON. N'oubliez pas votre promesse ; quand l'année de votre deuil a été écoulée et que j'ai osé demander votre main...

IRMA, *l'interrompant.* Je vous ai répondu, je m'en souviens : « La première » fois, j'ai fait un mariage d'inclination qui » ne m'a pas réussi ; cette fois je ne ferai » plus la même folie, et ce sera vous que je » choisirai, monsieur Timoléon. »

TIMOLÉON. Ah ! vous croyez me l'avoir dit de cette manière-là ?

SCÈNE II.

IRMA, GIFFARD, TIMOLÉON.

TIMOLÉON, *allant au devant de Giffard.* Mais voici maître Giffard. Soyez le bien venu, aimable notaire. C'est donc aujourd'hui que nous allons signer ce bienheureux contrat ?

IRMA, *vivement.* C'est impossible ; un des

* Irma, Timoléon.

témoins vient de m'écrire de ne pas compter sur lui.

TIMOLÉON. Eh bien! on s'en passera.

GIFFARD. Ce serait illégal, attendu que tout contrat de mariage doit être signé par deux témoins... Mais que ne vous adressez-vous à votre nouveau voisin de campagne ?

IRMA. Je ne l'ai pas même entrevu. Je n'habite Enghien que depuis peu de jours. Comment voulez-vous que je l'envoie chercher sans le connaître ?

GIFFARD. On lui dira que c'est monsieur Timoléon Moranty qui désire lui parler. Je vais envoyer votre domestique. (*Il remonte la scène.*)

IRMA. Un instant.

GIFFARD, *s'arrêtant.* Vous dites?

TIMOLÉON. Qu'il ne faut pas perdre un instant.

GIFFARD. C'est juste, un notaire doit tout expédier à la minute. (*Giffard sort par le fond.*)

IRMA. Vous voulez donc absolument être mon second mari, monsieur Timoléon ?

TIMOLÉON. Assurément, madame.

IRMA. Eh bien, soit, mais prenez garde : j'aimerai toujours ce cher Max, je vous en préviens : n'oubliez pas que vous avez un rival. (*Remontant par la droite, et regardant le portrait.*) O mon ami !

TIMOLÉON. Plaît-il.

IRMA, *s'arrêtant.* Comment !

TIMOLÉON. Vous avez dit : Mon ami.

IRMA. Ce n'est pas à vous : c'est à lui... mon pauvre ami ! (*Elle sort par la droite.*)

SCÈNE III.

TIMOLÉON, *puis* GEORDY.

TIMOLÉON. Après tout, ce n'est qu'un rival de l'autre monde, qui est aussi défunt que Pharamond et Charlemagne, (*Geordy paraît au fond*) et par bonheur, les morts ne reviennent pas.

GEORDY, *s'avançant* *. Les morts, ils reviennent quelquefois, dans les jolies petites histoires d'Anne Radcliffe.

TIMOLÉON, Ah ! voilà mon jeune groom à deux fins ! Je vais lui retenir une place aux incurables.

GEORDY. Oh! comme cette nuit je avais fait une gentille petite rêve de revenants ! (*A Timoléon.*) Rêvez-vous quelquefois aux revenants ?

TIMOLÉON. Jamais. (*A lui-même.*) Ah !

* Geordy, Timoléon,

si fait, j'ai vu quelquefois en songe les ombres de mes trois malades. Le sommeil du médecin est rempli de fantômes.

GEORDY. Oh ! la belle petite songerie ! Je avais rêvé que le monsieur noyé, il ressuscitait au fond de son torrent, puis arrivait jusqu'ici par un petite route de l'enfer. Nos étions dans ce jardin; le revenant sortait de dessous terre (*Max paraît à la grille.*)

SCÈNE IV.

GEORDY, MAX, TIMOLÉON.

GEORDY, *sans voir Max.* C'était un beau revenant qui avait des flammes bleues dans les yeux et s'enveloppait dans un grand drap blanc.

TIMOLÉON. Ah ! oui, un fantôme classique. S'il y en avait aujourd'hui, ils ne seraient pas habillés comme en revenant de l'autre monde ; ils seraient en habit noir et en bottes vernies.

GEORDY. Le revenant, il s'avançait avec un agréable bruit de chaînes ; (*Max s'avance*) puis, comme dans *Macbeth*, une réjouissante pièce de Shakespeare que je avais vue dans le Angleterre et à l'Odéon, il venait se placer à côté de vos, absolument comme l'ombre de Banquo.

TIMOLÉON, *haussant les épaules.* L'ombre de Banquo. (*Max qui s'est avancé, se trouve au milieu d'eux, et ôte son chapeau pour saluer Timoléon, qui se retourne et l'aperçoit.*) Oh !

GEORDY, *voyant Max et reculant avec terreur.* Ah !

TIMOLÉON. Monsieur de Livins !

GEORDY. Le revenant !

MAX, *à Timoléon.* Est-ce que vous croyez aux revenants, monsieur le docteur?

GEORDY. Il n'avait pas le voix sépulcrale !

TIMOLÉON. Est-ce un rêve? (*Geordy touche Max qui se retourne. Geordy passe de l'autre coté.*)

GEORDY. Il ne tombe pas en poussière. (*Il le touche de nouveau, Max lui donne un soufflet.*) Oh ! c'est un revenant vivant. (*Il sort par la droite.*)

SCÈNE V.

MAX, TIMOLÉON, *puis* GIFFARD.

TIMOLÉON, *à part.*

Une résurrection !... je me meurs. (*A Max.*) M'expliquerez-vous ?...

MAX. Je n'ai jamais songé à me tuer, je voulais tout simplement....

GIFFARD, *entrant et les interrompant.*

—Ah ! voilà le voisin de campagne. Vous m'avez devancé. (*A Timoléon.*) C'est monsieur qui doit vous servir de témoin. (*Il s'assied devant la tab'e, atteint des papiers, un encrier de poche et se dispose à écrire.*)

TIMOLÉON, *à part.* Maudit notaire ! mets donc ta langue sous les scellés.

MAX *à Timoléon.* Est-ce que vous allez vous marier, mon cher docteur ?

TIMOLÉON, *d'un air effaré.* Me marier ! moi !... Qui a prétendu cela ?

GIFFARD, *se levant.* Ah çà ! qu'est-ce que vous dites là ?

MAX. Mais cependant, puisque vous me priez d'être votre témoin... Ah ! je comprends, cette pâleur, cette émoti n *... Il s'agit d'un duel.

TIMOLÉON. Précisémen'. C'est-à-dire non, ce n'est pas dans mes principes.. C'est-à-dire oui... Ah ! je divague !

GIFFARD. Pourquoi ne pas avouer tout simplement qu'il s'agit d'un mariage ?

TIMOLÉON. Eh bien, puisque vous m'y forcez, notaire impitoyable, il faut bien convenir que j'ai changé d'avis. Je veux encore conserver mon indépendance ; mon mariage est rompu.

GIFFARD. Qu'entends-je ? Cette résolution soudaine ! Auriez-vous découvert que votre belle future est coquette, légère !... Ah ! toutes les femmes ne sont pas comme Pénélope.

MAX. Madame Ulysse !

GIFFARD. Non, madame Giffard, une femme charmante qui, en m'épousant, m'a fait une donation de son cœur.

MAX, *rêvant.* Hélas !

GIFFARD. Pourquoi ce soupir ?

MAX. Moi aussi, j'aimais une femme adorable, et cette femme, c'était la mienne.

TIMOLÉON. Comment ! mais je croyais que vous n'étiez pas d'un accord parfait ? Vous n'êtes donc pas heureux de vivre seul ! C'est une si belle chose que la vie de garçon !

MAX. Ah ! je crois bien, que c'est une belle chose !

TIMOLÉON. Et l'indépendance, la tranquillité !

MAX. Ah ! oui, l'indépendance, la tranquillité ; c'est superbe ! J'ai commencé par en jouir avec fureur, avec frénésie. — C'est étonnant comme c'est long, une journée d'indépendance ! Quand je travaillais, personne ne me dérangeait. Quand je rentrais tard, personne ne me faisait de reproches. Je ne me disputais plus, mais je bâillais.

Giffard, Max, Timoléon.

Chaque jour, il me manquait une petite querelle quotidienne ; j'y étais habitué comme à mon journal du matin, et je regrettais de m'être désabonné. A la promenade, il me manquait sous le bras une main mignonne ; au coin du feu, une jolie mine riante ou boudeuse ; un sourire, un reproche, une causerie, une affection, un ange, un démon, un enfer, un paradis, ma femme, enfin.

GIFFARD. C'est abso'ument ce que j'éprouve quand je m'éloigne de Pénélope.

MAX. Madame Ulysse ?

GIFFARD. Non, madame Giffard.

TIMOLÉON, *à part.* Il aimerait sa femme ! quel coup de lancette il me donne !

MAX. Je n'ai pu revoir cette pauvre amie ; elle a quitté la maison que nous habitions ensemble.

TIMOLÉON. Je crois qu'elle voyage en Angleterre, en Espagne ou en Allemagne.

MAX. Plus d'espoir ! Hélas ! cher docteur, vous avez retrouvé votre client. Je regrette tant ma femme, nous étions si bien unis par une douce habitude de contradiction, par une tendre conformité de mauvaise humeur, que depuis cette séparation, le chagrin me rend malade. (*A part.*) Bien réellement, cette fois.

TIMOLÉON. Vous seriez malade !... Comptez sur moi. (*A part.*) Qu'il me fasse au moins obtenir la clientèle de mon oncle ; il me doit bien cela. (*Il tire sa montre et lui tâte le pouls.*)

MAX. Quelle heure avez-vous ?

TIMOLÉON. Deux heures dix ; j'avance.

MAX, *tirant sa montre.* Deux heures moins cinq ; je retarde.

GIFFARD, *tirant sa montre.* Deux heures ; je vais bien.

TIMOLÉON, *à Max.* Pouls agité, mélancolie. Je vais réfléchir à votre maladie, rédiger une ordonnance.

MAX. Je vous laisse à vos méditations médicales. (*Timoléon passe à droite, va s'asseoir devant la table et écrit.*)

GIFFARD, *à Max.* Moi, je vais retrouver Pénélope, ma fidèle épouse ; lui plaire, en être aimé est tout mon but, toute mon étude. (*Il va parler à Timoléon.*)

MAX, *à part.* Et c'est peut-être le but de toute son étude, depuis le premier clerc jusqu'au dernier.

GIFFARD. Venez-vous, monsieur ?

MAX. Je suis à vous.

GIFFARD, *en s'éloignant avec lui.* Je vous disais donc que Pénélope...

MAX. Madame Ulysse.

GIFFARD. Madame Giffard.

MAX. Gifflard.

GIFFARD. Fard. (*Ils sortent par le fond en causant.*)

SCÈNE VI.

TIMOLÉON, *seul, assis.*

Est-on plus infortuné que moi... Oh! je comprends maintenant l'humeur noire et ténébreuse de mon jeune-groom à deux fins! Moi aussi j'ai le spleen : je deviens fatal, sinistre, funéraire!

SCÈNE VII.

TIMOLÉON, GEORDY.

TIMOLÉON, *apercevant Geordy qui entre par la droite.* Mais viens donc, Geordy; j'aurai du bonheur à voir ton funèbre et sympathique visage, (*Lui prenant la main et lui faisant descendre la scène.*) N'est-ce pas, Geordy, que la vie est une coupe d'absinthe? (*Geordy le regarde et part d'un grand éclat de rire.*) Que veut dire ce rire inusité?

GEORDY, *chantant.*

Il faut rire, rire
Rire et toujours rire!

TIMOLÉON, *stupéfait.* Que signifie? Mais c'est qu'il rit franchement, lui qui était sombre comme un drame de la Gaîté.

GEORDY. Oh! le gaîté! je aimais le gaîté et le polka!

TIMOLÉON. Mais d'où te vient cette joyeuse humeur?

GEORDY. Imaginez-vous que je avais trouvé dans votre laboratoire une gentille petite bouteille de poisonne...

TIMOLÉON. Grand Dieu! c'est du vitriol!... donne vite!

GEORDY. Oh! j'avais tôt avalé.

TIMOLÉON. Malheureux! tu t'es empoisonné!

GEORDY, *tirant une bouteille de sa poche* Tenez, voilà le fiole vide.

TIMOLÉON, *s'écriant.* Une bouteille de Champagne...

GEORDY. Ah! ce était du poisonne de la Champagne! il avait un goût very agriéble. Que c'était bon le vitriol! oh! very good! (*Il chante.*)

Il faut rire, rire
Rire et toujours rire!

Il va s'asseoir à gauche.

TIMOLÉON, *transporté.* Mais le voilà guéri, ma cure est faite, j'aurai la clientèle de mon oncle! O grand art d'Hippocrate, que d'au-

tres adoptent la médecine homœopathique, moi, je prends la spécialité de la médecine au vin de Champagne. J'enverrai là-dessus un mémoire à l'académie de médecine. Messieurs...

GEORDY, *se levant et l'interrompant.* Ah! j'obliais... je avais por vos un petit billet sucré.

TIMOLÉON. Un billet sucré?

GEORDY, Yes, sir! un petit billet très-doux.

TIMOLÉON. De madame de Lirvins, sans doute? Tu n'a pas parlé surtout de cette fatale résurrection.

GEORDY. Nô, jamais.

TIMOLÉON, *lisant des yeux.* Est-il possible! elle m'écrit que notre mariage est rompu; elle me congédie. Au fait, je n'ai plus qu'à me retirer.

GEORDY. C'est étonnant comme j'ai le poison gai.

TIMOLÉON, *à lui-même.* Mais quel espoir! elle ne peut pas souffrir son mari, ce n'est que son ombre qu'elle adore... l'ombre s'évanouit, le mari revient, elle va le détester de nouveau... j'ai des chances de réussite. Écrivons une lettre brûlante. (*Geordy va s'asseoir à gauche et s'endort; Timoléon s'assied à droite et écrit tout en parlant*) Les absents et les morts ont raison, mais les vivants ont tort. Artémise qui a tant pleuré Mausole, s'il était ressuscité, aurait peut-être plaidé en séparation... Geordy! (*Se levant.*) Geordy!

GEORDY, *se réveillant en sursaut et se levant.* Sir?

TIMOLÉON, *lui donnant deux papiers.* Tu remettras cette lettre à madame de Lirvins, et cette ordonnance à son mari.

GEORCY. Yes, sir! (*Il chante.*)

Il faut rire, rire,
Rire et toujours rire.

TIMOLÉON. Geordy, mon cher client, mon jeune groom à deux fins, tu seras la consolation et le soutien de mes vieux jours; soutiens-toi. (*En s'éloignant.*) Oui, messieurs, je prétends que la médecine au vin de Champagne est très-salutaire... L'alcool et l'acide carbonique que renferme le champagne dégagent le cerveau des humeurs épaisses et lourdes qui... (*Il sort par la grille du fond tout en parlant.*)

SCÈNE VIII.

GEORDY, *puis* MAX.

GEORDY, *seul.* Une ordonnance! ce était pas moa qui vodrait de totes ces vilaines tisanes; je aimais bien mieux le vitriol de

Champagne. (*Apercevant Max qui entre par le fond.*) Monsieur le revenant, monsieur l'esprit, voici une ordonnance que monsieur le docteur il m'avait dit de remettre à vos.

MAX. Donnez, jeune groom. (*Il met le papier dans sa poche sans le regarder.*) Prévenez monsieur Timoléon que je l'attends ici.

GEORDY, Yes, sir. (*Il remonte la scène. Max regarde dans l'intérieur du pavillon dont la porte est entr'ouverte.*)

MAX. Que vois je!... des paysages représentant les vues de la Suisse; les montagnes que je gravissais avec Irma. Oh! quel souvenir! (*Il entre dans le pavillon dont il ferme la porte.*)

GEORDY, *se retournant.* Monsieur le fantôme... eh bien! il s'est évanoui dans l'air.

SCÈNE IX.

IRMA, GEORDY, MAX *dans le pavillon.*

IRMA, *apercevant Geordy.* Que me voulez-vous, Geordy.

GEORDY, *se trompant et lui présentant la bouteille.* Mistress, c'était de la part de monsieur le docteur. Ah! pardon. (*Il lui donne le papier.*)

IRMA, *la prenant.* Une lettre de monsieur Timoléon.

GEORDY, *remontant la scène.* Si le vitriol de Champagne ne tuait pas moi tôt de suite, je voulais encore m'empoisonner demain. (*Il chante.*)

> Il faut rire, rire
> Rire et toujours rire.

Il sort par le fond.

SCÈNE X.

MAX *dans le pavillon*, IRMA *dans le jardin.*

(*Max en entrant dans le pavillon en a fermé la porte et ouvert la fenêtre qui donne en face du public.*)

IRMA, *assise à droite devant la table.* L'épître de ce pauvre docteur, fût-elle éloquente comme une lettre de Saint-Preux, ne me fera pas changer de résolution : je ne me remarierai jamais. (*Ouvrant la lettre.*) De tendres adieux, sans doute, des phrases mouillées de larmes. (*Elle lit.*) « Prendre une » décoction de mauve et de tilleul, avec du » sirop de gomme. » Ah! le pauvre docteur!... est-ce que ce sont là les lettres d'amour des médecin.

MAX, *dans le pavillon, venant s'asseoir devant la fenêtre.* J'oubliais l'ordonnance du docteur; voyons. (*Il lit.*) « Femme adorable » et trop adorée... » Une déclaration!... singulière ordonnance.

IRMA. Ah! je comprends... ma migraine de ce matin... il veut toujours être reçu chez moi comme médecin.

MAX. La lettre n'a pas d'adresse. (*Il lit.*) « Prenez pitié d'un cœur qui vous idolâtre, » d'un esclave soumis que vous aviez daigné » encourager... » Il paraît qu'elle l'a encouragé. (*Continuant.*) « Ne me repoussez pas; » je vous demande en grâce... »

IRMA, *lisant.* « Des calmants pour les » palpitations de cœur. »

MAX, *lisant.* « Je vous demande en grâce, » pour endormir ma douleur... »

IRMA, *lisant.* « Du sirop de pavot. »

MAX, *lisant.* « Quelques mots d'espoir. » Consentez à m'entendre ou dites-moi ce » qu'il faut faire pour me guérir de cet » amour brûlant et fiévreux. »

IRMA, *lisant.* « Prendre du quinquina » pour couper la fièvre. »

MAX, *riant très-fort.* Ah! ah! ce fripon de docteur! (*Tout en riant, il laisse tomber sa main sur les touches d'un piano.*)

IRMA, *se levant.* Il y a quelqu'un dans ce pavillon.

MAX. Quel style volcanique!

IRMA, *ouvre la porte du pavillon et la laisse retomber.* Mais c'est bien lui.

MAX. Il est très-amusant.

IRMA, *regardant Max du côté de la fenêtre.* Ce n'est pas une vision... Oh! c'est trop de bonheur!.. Cher Max!.. (*Elle va pour ouvrir la porte, puis s'arrête tout à coup et redescend la scène.*) Comment! il n'est pas mort! mais cet affreux suicide, ce n'était donc qu'un jeu?

MAX, *regardant la lettre.* Quelle passion!

IRMA. Je lui avais dit, je m'en souviens encore, que la mort seule pouvait nous séparer. Ah! vous revenez maintenant, mon cher mari!... A mon tour de me jouer de vous. (*Elle va s'asseoir près de la table à droite.*)

SCÈNE XI.

IRMA *et* TIMOLÉON, *dans le jardin,* MAX, *dans le pavillon.*

TIMOLÉON, *au fond.* Puisque je ne peux être son mari, je me fais séducteur : moi, d'abord, je suis un docteur Lovelace; à défaut de pleurésie, je vis d'amour.

MAX. Je parie que c'est une femme mariée. Pendant qu'on fait la cour à sa femme, je suis sûr que le pauvre mari est bien calme et bien tranquille.

IRMA, *apercevant Timoléon* *. Voilà ma vengeance qui arrive. (*Haut.*) Avancez donc, cher docteur, je suis bien reconnaissante de ce que vous m'avez écrit. (*A part.*) Il ne vient pas

MAX. J'entends parler dans le jardin.

TIMOLÉON, *à part.* Elle est reconnaissante de ma lettre brûlante, à une température de vingt degrés au-dessus de Don Juan ! (*Haut.*) Et moi qui me croyais congédié, disgracié.

IRMA, *toujours assise.* Vous !... On ne congédie pas ceux qu'on aime.

MAX. Cette voix...

IRMA, *à part.* Il ne viendra donc pas.

TIMOLÉON. Ceux qu'on aime, dites-vous ? Oh! le bonheur, la surprise !... Je vais mourir d'un anévrisme au cœur ou d'une attaque d'apoplexie.

IRMA. Ne deviniez-vous pas que vous étiez aimé ?

MAX. Mais je ne me trompe pas. C'est sa voix.

TIMOLÉON, *tombant aux genoux d'Irma.* Charmante Irma.

MAX, *ouvrant la porte et sortant du pavillon.* Ma femme !

IRMA, *à part.* Enfin le voilà. (*A Timoléon.*) A défaut de mes paroles, ne lisiez-vous pas dans mes regards ? Hélas ! les yeux sont des indiscrets qui racontent tous les secrets du cœur.

MAX, *à part.* C'est infâme ! (*Il reste au fond, sans être vu de Timoléon.*)

TIMOLÉON. Adorable veuve !... Oh ! j'en deviendrai aliéné. Il faudra me traiter avec des douches et de la glace. C'est encore le meilleur traitement, je l'ai soutenu dans ma thèse.

IRMA, *se levant, ainsi que Timoléon.* Que d'amour et de passion ?

MAX. Si je ne tenais à m'instruire, je l'aurais déjà envoyé rejoindre ses trois clients.

IRMA. O Timoléon !

TIMOLÉON. O Irma ! Si vous saviez ce que c'est que l'amour d'un médecin ! Que d'attentions, de petits soins ! J'éloignerai de vous la moindre migraine, je ne vous permettrai que les palpitations de cœur.

IRMA. C'est aujourd'hui que nous signons notre contrat de mariage.

MAX. Son contrat !

IRMA. Mais il nous manque un témoin.

MAX, *s'avançant entre elle et Timoléon.* Un témoin, madame, me voici.

TIMOLÉON, *à part.* Le mari !... Si j'avais un client, je l'irais visiter.

IRMA, *faisant une grande révérence à Max.* Vous êtes bien obligeant, monsieur. (*A Timoléon.*) Quel est donc le nom de ce monsieur qui est si complaisant ?

MAX. Plaît-il ?

TIMOLÉON, *passant près d'Irma* *.
Pourquoi le demander, puisque vous le savez ?

IRMA. Mais je l'ignore. (*Bas à Timoléon.*) Dites comme moi.

TIMOLÉON. Hein ?

MAX. Elle demande qui je suis, moi... son mari... Ah ! vous prétendez épouser ma femme, infernal docteur. Ah ! c'était à elle que vous écriviez cette lettre. (*Il lui met la lettre sous les yeux.*)

TIMOLÉON, *à part.* Ma lettre... Geordy aura donné l'ordonnance à la femme : du quinquina au lieu d'amour !

IRMA, *à Max.* Vraiment, monsieur, je ne comprends pas votre colère ; permettez-moi de vous dire que tout cela ne vous regarde pas. Je suis libre, j'ai bien le droit de faire un mariage d'inclination.

MAX. Que dit-elle ?

IRMA. Car c'est un mariage d'inclination. (*Bas à Timoléon.*) Dites comme moi.

TIMOLÉON, *embarrassé.* Hein ? mais, oui, certainement, c'est un mariage d'in...cli...na...tion...

IRMA, *bas à Timoléon.* Prenez-moi la main.

TIMOLÉON, *à part.* Elle veut se jouer de son mari, entrons dans ses vues.

IRMA, *bas à Timoléon.* Prenez-moi donc la main.

TIMOLÉON, *lui prenant la main tendrement.* Ah !

MAX. Si vous effleurez sa main du bout de vos lèvres, je vous brûle la cervelle.

TIMOLÉON, *effrayé, abandonnant la main d'Irma.* Oh !

IRMA. J'ai voulu choisir un second mari pour me dédommager du premier.

MAX. Ah ! çà, voyons, ai-je bien toute ma raison ?... Un second mari !... Il vous faut un mariage en deux éditions ?

IRMA. Il y avait tant de fautes d'impression dans la première. La seconde sera meilleure, elle sera corrigée. N'est-ce pas, mon cher Timoléon ? (*Elle lui tend la main.*)

TIMOLÉON, *saisissant sa main.* Irma !

MAX. Monsieur Timoléon ! (*Timoléon abandonne vivement la main d'Irma.*) Tout

* Irma, Timoléon, Max.

à l'heure, je vous proposais de nous brûler la cervelle, je veux bien nous couper la gorge, si cela vous est plus agréable.

TIMOLÉON. Je demande à réfléchir.

IRMA. Envoyez chercher le notaire, nous allons signer le contrat.

MAX, *passant près d'Irma.* * Oh ! pour le coup, madame, ceci passe la plaisanterie.

IRMA. Ne suis-je pas veuve ? N'ai je pas remis à M. Giffard l'acte de décès de mon mari ?

MAX. Comment ?

TIMOLÉON, *à part.* Au fait il n'a plus le droit d'être parmi les vivants.

MAX. Mon acte de décès !

TIMOLÉON. Attesté, légalisé et signé par les autorités compétentes.

MAX. Eh ! morbleu ! monsieur, mon acte de décès en a menti. (*A Irma.*) Vous savez bien que votre mari existe, qu'il est là, devant vous.

IRMA. Voilà une étrange prétention.

MAX. Madame, les lois punissent la bigamie.

TIMOLÉON, *à part.* C'est dommage. On devrait bien reviser le code, rien que pour ça.

MAX. On ne se joue pas ainsi d'un infortuné Irma, je t'en supplie, regarde-moi, reconnais-moi.

IRMA. Je conviens que vous ressemblez un peu à mon mari. Il y a quelque chose dans les traits, dans l'expression... Vous êtes mieux que lui, monsieur. Vous n'avez pas son air maussade.

MAX, *à Timoléon.* Mais dites-lui donc qui je suis.

TIMOLÉON. Non, vous n'avez pas son air maussade. (*A Irma.*) Je trouve comme vous qu'il y a quelques rapports. Tout à l'heure même, je l'ai pris pour monsieur de Lirvins... Quand on n'a vu les gens qu'une fois... Il y a réellement quelque chose... de profil surtout.

IRMA. Tournez-vous donc un peu de côté, monsieur.

MAX. C'est à en devenir fou ! De grâce, mon Irma, consens à me reconnaître. Si tu savais combien j'ai souffert, combien je t'ai regrettée, combien je t'aime.

IRMA **. Mais vous voyez bien, monsieur, que vous n'êtes pas mon mari. Vos paroles sont tendres, et ce cher défunt était très-indifférent. Quand j'arrivais près de lui et que je lui disais : Bonjour, Max.—Bonjour, bon-

* Irma, Max, Timoléon.
** Max, Irma, Timoléon.

jour, me répondait-il. Il était très-aimable, ce cher Max, mais peu causeur. Il tirait un énorme journal de sa poche, et le déployait sans me répondre. (*S'essuyant les yeux.*) Je crois que c'était le *Journal des Débats.* Pauvre Max, son âme est-elle heureuse du moins ? (*Pleurant.*) Il était si violent, si acariâtre, si entêté.

MAX. Jolie oraison funèbre.

TIMOLÉON. Consolez-vous, madame. (*Levant les yeux au ciel.*) Il est là-haut.

IRMA. Hélas ! si Dieu a voulu de son âme, elle a été capable de s'enfuir en enfer par esprit de contradiction. (*Elle pleure et appuie sa tête sur l'épaule de Timoléon. — A Timoléon :*) Pleurez donc.

TIMOLÉON, *pleurant.* Ah !

MAX. En vérité, madame, vous êtes la femme la plus impatientante, la plus insupportable...

IRMA. Ciel !

MAX. La plus nerveuse et la plus contrariante qui se puisse voir.

IRMA. Grand Dieu !

MAX. Vous avez un caractère détestable, irritable, abominable, exécrable et infernal.

IRMA, *se jetant dans ses bras.* Ah ! je le reconnais ! C'est lui !...

MAX. Enfin !... Irma, mon Irma.

TIMOLÉON. Les voilà d'accord. Ma position devient gênante.

MAX, *allant chercher le chapeau de Timoléon.* Maintenant, monsieur le second mari de ma femme, vous me permettrez de vous reconduire jusqu'à la grille du parc, à moins que vous ne préfériez la petite explication amicale que je vous proposais tout à l'heure.

TIMOLÉON, *prenant son chapeau.* J'aime mieux mon chapeau... Un duel... Mon devoir me le défend. Je me dois à mes clients, aux clients que j'aurai. Ma mission n'est pas de tuer l'humanité, mais de la sauver, et comme je fais partie de l'humanité... (*à part*) je me sauve. (*Il salue Max et Irma et remonte la scène.*)

MAX, *le reconduisant.* Mille choses de ma part à monsieur votre oncle et à ses clients.

TIMOLÉON. Vous êtes bien bon. (*Il sort par le fond.*)

SCENE XII.

MAX, IRMA.

IRMA. Conviens-en, tu méritais bien cette petite vengeance. C'est étrange, quand nous étions ensemble, nous ne pouvions pas nous souffrir. Dès que nous avons été éloignés l'un de l'autre, nous nous sommes mis à nous adorer. Mais que faut-il donc faire pour nous aimer toujours? Car enfin je tiens à t'aimer, et j'y mettrai de l'obstination.

MAX. Et moi aussi.

IRMA. Il y a bien un moyen. Ayons toutes les qualités que notre imagination nous prêtait dans l'éloignement, et tâchons d'être parfaits comme les absents.

MAX. Si nous n'y réussissons pas, dès que le baromètre conjugal se mettra au variable, au mauvais temps, à la tempête, nous aurons recours à un tout petit voyage. Si cette courte absence ne te suffit pas, tu me diras tout simplement : Je ne t'aime pas encore, mon ami; reviens la semaine prochaine. Et je reviendrai la semaine prochaine, et je serai le plus adoré de tous les maris; car on a beau dire : Les absents ont tort, moi je dis : Les absents ont raison.

FIN.

Paris.—Typographie de Mme Ve DONDEY-DUPRÉ, rue Saint-Louis, 46, au Marais.

Riche et pauvre, drame 5 actes.	Servante du curé (la).	Trois épiciers (les), vaud. 3 act.	Vicomte de Giroflé (le), 1 acte.
Rita l'Espagnole, dr. 5 actes.	Stella, drame en 5 actes.	Traite des noirs (la), dr. 5 actes.	Vautrin, dr. 5 a. par Balzac.
Roméo et Juliette, 5 actes, par F. Soulié	Sans nom, fol.-vaud. 1 acte.	Tremblement de terre de la Martinique (le), dr. 5 act.	Vendredi (le), vaud. 1 acte.
	Sept Châteaux du diable (les).		Vénitienne (la), dr. en 5 actes.
Rubans d'Yvonne (les), c. 1 ac.	Sœur du Muletier (la), dr. 5 a.	Tirelire (la), vaudeville, 1 acte.	Voisin (la), dr. 5 actes.
Ralph le bandit, mélod. 5 actes.	Sept enfants de Lara (les). 5 a.	Thomas Maurevert, drame, 3 a.	Vouloir c'est pouvoir, c.-v. 2 a.
Révolution Française (la), 4 act.	Sonnette de nuit (la), en un acte.	Tailleur de la Cité (le), dr. 5 ac.	Une nuit au Louvre, drame 3 a.
Rigobert ou fais-moi bien rire.	Stéphen, dr. 5 actes.	Tyran d'une femme, v. 1 acte.	Veille de Wagram.
Ramoneur (le), dr.-vaud. 2 actes.	Sous une porte cochère, v. 1 act.	Urbain Grandier, par A. Dumas.	Voyage en Espagne, vaud. 1 acte.
Salpêtrière (la), dr. 5 actes.	Simplette, vaud. 1 acte.	Un grand Criminel, dr. 3 actes	Zanetta ou jouer avec le feu.
Sac à malices (le), féer. en 3 act.	Tache de sang (la) dr. 3 act.	Un Changement de m..i..., 2 a.	

RÉCENTES PUBLICATIONS.

CLAUDIE, drame en 3 actes, par GEORGES SAND 1 50

FRANÇOIS LE CHAMPI, comédie en 3 actes, en prose, par Mme GEORGES SAND 1 50

LE JOUEUR DE FLUTE, comédie en un acte, par M. E. Augier 1 50

LA JEUNESSE DES MOUSQUETAIRES, drame 5 actes, par MM. Alex. Dumas et Maquet . . 1 »

PAILLASSE, drame en 5 actes, de MM. Dennery et Marc Fournier . . . . » 60

JENNY L'OUVRIÈRE, drame en 5 actes, de MM. Decourcelle et J. Barbier . . . . » 60

LA FILLE DU RÉGIMENT, opéra comique en 2 actes, de MM. Bayard et de Saint-Georges . . » 60

URBAIN GRANDIER, drame en 5 actes par M. Alex. Dumas et Auguste Maquet . . . . » 50

BONAPARTE, ou les 1res Pages d'une grande Histoire, pièce milit. en 20 tabl. de M. F. Labrousse. » 50

UN MARIAGE SOUS LOUIS XV, comédie en cinq actes, par M. Alexandre Dumas . . . . » 50

UNE MAUVAISE NUIT EST BIENTÔT PASSÉE, vaud.-prov. en un acte, par M. Honoré . . » 50

LES FRÈRES CORSES, 5 actes, tiré du roman d'Alex. Dumas par MM. Grangé et Montépin. » 50

LE PETIT TONDU, drame militaire en trois actes, par M. F. Labrousse . . . . » 50

LA CHASSE AU CHASTRE, fantaisie en 3 actes et 8 tableaux, par M. Alex. Dumas . . . . . . » 50

HENRI LE LION, drame en 5 actes, par MM. St-Ernest et Filliot . . . . » 50

PAULINE, drame en 5 actes, tiré du roman de M. Al. Dumas, par MM. Grangé et Montépin. » 50

L'ARMÉE DE SAMBRE-ET-MEUSE, 4 actes et 19 tableaux, par F. Labrousse et Frédéric . . . » 50

IL Y A PLUS D'UN ANE A LA FOIRE, Vaud. en 1 acte, par MM. Paul de Kock et de Guiches. » 50

LA FEMME DE MÉNAGE, vaudeville en 1 acte, par M. Michel Delaporte . . . . » 50

LA BARRIÈRE CLICHY, drame militaire en 5 actes et 14 tableaux, par Alex. Dumas . . . . . » 60

VALÉRIA, drame en cinq actes et en vers, par MM. Auguste Maquet et Jules Lacroix . . . . 2 »

LE DIABLE, drame en cinq actes, par MM. Delacour et Lambert Thiboust . . . . » 60

LE PLANTON DE LA MARQUISE, com.-vaud. en un acte, par M. Ward et Henri Vannoy . . » 50

LÉA, comédie en trois actes et en vers, par M. Lefèvre . . . . » 60

UNE FEMME PAR INTÉRIM, vaudeville en un acte, par MM. E. Hugot et E. Lehmann . . . » 50

ENTRE DEUX CORNICHET, comédie-vaudeville en un acte, de MM. Paul de Kock et Boyer . . » 50

MEUBLÉ ET NON MEUBLÉ, vaudeville en un acte, de MM. Dupeuty et E. Grangé . . . . . . » 50

LES TROIS VOISINS, LES TROIS VOISINES, comédie-vaudeville en un acte, par M. Dubois. » 50

LE MONDE VOLANT, vaudeville en un acte, par M. Ch. Paul de Kock . . . . » 50

CONTRE FORTUNE BON COEUR, comédie-vaudeville en un acte, de M. J. de Wailly . . . . . » 50

LA GOTON DE BÉRANGER, vaud. en 5 a. dont un prologue, par MM. Cormon, Grangé et Dutertre » 60

MERCADET, comédie en 3 actes, par H. de Balzac 1 50

LES QUENOUILLES DE VERRE, féerie-vaud. en 3 actes et 8 tab., par M. Michel Delaporte. » 60

LA FILLE DE FRÉTILLON, vaudeville en un acte, par MM. Dedé et Choler . . . . » 50

LA PAYSANNE PERVERTIE, drame en 5 actes, de MM. Dumanoir et d'Ennery . . . . » 60

LA CIRCASSIENNE, com. mêlée de chant en un acte, par MM. de Saint-Hilaire et E. Border. » 60

LA COURSE AU PLAISIR, revue de 1851, de M. Delaporte, T. Muret et Gaston de Montheau. » 60

L'AME TRANSMISE, drame en 5 actes, par M. J. Chardon . . . . » 60

A QUI MAL VEUT, MAL ARRIVE, vaud.-proverbe en un acte, de MM. Roche et Chéreault. » 60

LES REINES DES BALS PUBLICS, Folie-Vaudeville en 1 acte, par MM. Michel Delaporte et Gaston de Montheau . . . . » 60

JOANITA, grand opéra en trois actes, paroles de MM. Édouard Duprez et G. Oppelt, musique de M. G. Duprez . . . . 1 »

LA DAME AUX COBÉAS, parodie-vaudeville en 3 actes, par MM. Cogniard frères et Bourdois. » 60

SARAH LA CRÉOLE, drame en cinq actes, par MM. A. Decourcelle et Jaime fils . . . . » 60

LA CHANVRIÈRE, comédie en trois actes mêlée de chant, par M. Édouard Plouvier . . . . . . » 60

LES ABSENTS ONT RAISON, comédie en deux actes et en prose, par Mme Anaïs Ségalas . . . » 60